Les Petites Pommes du Savoir

Les
Petites Pommes
du Savoir

n°1. *Le Temps existe-t-il ?* Étienne Klein

n°2. *Cloner est-il immoral ?* Laurent Degos

n°3. *Pourquoi la mer est-elle bleue ?* Pierre Laszlo

n°4. *Peut-on guérir le cancer avec des OGM ?* Louis-Marie Houdebine

n°5. *Le Climat est-il devenu fou ?* Robert Sadourny

n°6. *Dopés, victimes ou coupables ?* Françoise Siri

n°7. *Peut-on croire les sondages ?* Gilles Dowek

n°8. *La Radioactivité est-elle réellement dangereuse ?* Jean-Marc Cavedon

n°9. *En amour, sommes-nous des bêtes ?* Michel Serres

n°10. *Algues, lapins, termites… Quelles espèces nous menacent ?* Michel Lamy

n°11. *Quel avenir pour le développement durable ?* Dominique Bourg

n°12. *Voulez-vous jouer avec les maths ?* Gilles Dowek

Michel Serres
de l'Académie française

En AMOUR, sommes-nous des bêtes ?

Les Petites Pommes du Savoir

Éditions
Le Pommier

À Géraldine, Charles et Marie-Paule

conception graphique :
Atelier Daniel Leprince
relectures : Valérie Gautheron
et Sidonie Van den Dries

Le Pommier, 2002

2.74650058.2

Certains sous-mariniers passent des années sous l'eau. Leurs missions, cent fois reprises, durent plus de soixante-dix jours. Connaissez-vous des moines plus enfermés en leur clôture que ces solitaires en groupe qui reposent au fond de la mer, dans le noir et le silence, prêts à déclencher la terreur nucléaire ? Une nuit – n'y a-t-il pas que des nuits dans ces tombes abyssales ? –, l'un d'eux, commandant le submersible, fut éveillé par le bruit étrange que ferait une bille de verre rebondissant sur un carrelage. Levé vivement, il rejoignit son second qui, de quart, cherchait lui aussi avec anxiété, mais sans succès, son origine. À bord des sous-marins atomiques, les rampes de lancement se situent sur la plage arrière et, en situation de tir, une série de clapets s'ouvrent, au ras de la coque, pour laisser passage à la fusée ; deux caméras, au bas du kiosque vertical, en transmettent les images pour s'assurer de leur ouverture. Tous deux eurent l'idée de mettre en marche ce témoin et, stupéfaits, découvrirent, à l'écran, un énorme cachalot, couché, blotti, lové dans l'espace formé par le kiosque et la plage arrière.

« Débarrassons-nous de la bestiole », ordonna le pacha.

Une série de manœuvres astucieuses et torses, de haut en bas et de bâbord à tribord, tenta de la décrocher, sans succès. Le cachalot s'agrippait sans glisser, résistant aux angles du roulis et du tangage.

« Au fond, dirent les officiers dépités, il ne nous gêne guère ; laissons-le là, il nous camoufle. »

Ils diffusèrent les images du visiteur sur la télévision de l'équipage, pour le divertir, puis tout le monde à bord reprit ses activités en oubliant l'événement.

Revenu à terre en fin de mission, le commandant, invité à un dîner avec sa femme, y rencontra un naturaliste spécialiste des cétacés. Quand le marin décrivit l'étrange bruit, le chercheur éclata de rire.

« Nous déchiffrons assez bien les appels de ces bêtes entre elles, dit le savant en essuyant ses larmes avec sa serviette ; le signal dont vous parlez, bien connu, les mâles en rut l'émettent lorsqu'ils montent leur femelle : il s'agit du cri de jouissance. »

Le commandant revint chez lui pensif à l'idée que la langue anglaise féminisait les vaisseaux.

Pourquoi un philosophe pour parler de l'amour ?

Les savants définissent la philosophie comme l'amour de la sagesse. Faut-il que ces doctes ignorent la langue ! En nos mots composés, mieux vaut, en effet, lire les racines à l'envers : automobile, qui se meut de soi-même ; géo -logie, science de la terre ; funambule, qui déambule sur une corde… En vérité, le philosophe vit la sagesse de l'amour. S'exclut donc de ce titre qui délaisse un tel sujet ou n'en étudie point, dans son existence surtout et ses théories parfois, l'ensemble et le détail. Puisque, depuis plus d'un demi-siècle je pratique cette discipline, je ne dois plus différer de parler de l'amour.

Les troubadours inventent l'amour…

Mieux, les mots français se terminant par *-eur* dérivent souvent de mots latins en *-or* : *honor*, honneur ; *horror*, horreur… sauf un, remarquable : *amor*, amour. Pourquoi donc cette exception ? Parce que les troubadours du Moyen Âge et du sud-ouest de la France, chantant d'abord en langue d'oc, inventèrent le mot et la chose. Parlant volontiers en *-our*, nous autres Occitans portons le redoutable honneur d'avoir légué à l'humanité ce mélange étrange d'extase austère et d'heureuse mélancolie. Lectrices et lecteurs, dès le début de ce livre, honorez une culture à jamais éradiquée qui, pour votre gloire, vos délices et douleurs, créa, de toutes pièces, l'amour. Quand ? Très récemment.

… et que font les bêtes ?

Voici des milliards d'années régnait une reproduction qui, parfois, n'avait pas trouvé de voies sexuelles pour inventer de nouveaux vivants, puisque certains monocellulaires se multiplient en se scindant. De la **génitalité** ou ensemble des organes, dits justement génitaux, fonctions et attitudes spécialisés dans cette reproduction, la **sexualité** se distingue ensuite, en se séparant, par plaisir, de cette fin-là : comme nous, beaucoup d'animaux jouent avec les mêmes organes, dits alors sexuels. Art du désir, l'**érotisme** bifurque, à son tour, de la sexualité, comme la gastronomie raffinée de l'alimentation. Compassion envers les autres, proches et lointains, tendresse et affection, la charité traduisit, plus tard, le grec αγαπη, *agapè,* pour exprimer, dans le christianisme, la plus haute des vertus théologales ou divines. L'évolution, longue, et l'histoire, courte, connaissaient donc des conduites de cet ordre, mais nul, avant les troubadours, au moins en Occident, n'avait imaginé l'amour, je veux dire de mélanger, à titres variables, l'attirance puissante des corps et la distance galante de pudeur ou d'estime, le désir érotique et le respect pieux de l'autre, le déchaînement charnel et le rite mystique. Avant cette culture, nul n'avait nommé, chanté ni vécu l'amour, défini par la suite de ces couples. Et comme je naquis d'elle, je mérite de parler de lui.

Amour : animal ou humain ?

Il réinvente, colore, vivifie, affaiblit, renforce et détruit certaines relations qu'entretenait déjà tout ce qui vit. Ces rapports concernent le sexe, le corps, l'existence entière. S'il s'agit de reproduction ou de sexualité, notre conduite, en continuité avec celle des vivants, ne rompt pas notablement la suite évolutive ; l'érotisme perpétue parfois cette proximité.

Oui, nous participons au règne animal ; oui, nous ressemblons aux vertébrés : dix espèces d'oiseaux ou de singes remplissent les critères au moyen desquels nous croyions jadis définir le propre de l'homme – maniement des outils, cultures, vie en société… Ainsi en va-t-il du sexe. Mais le long des variations qui nous unissent aux autres vivants, s'amorcent parfois des bifurcations inattendues. Puis-je décrire l'amour comme l'un de ces rameaux imprévisibles ? Comme le plus beau ?

Bêtes ?

Un premier éloge de nos cousins animaux

Même enivrés d'amour fou, combien de nos semblables nageraient du Pôle aux eaux chaudes, sur des milliers de kilomètres, comme les baleines des deux sexes quittent les parages de Béring pour gagner le golfe de Californie, attirées par un environnement propice à leur progéniture ? Combien voleraient à travers les longitudes du globe et à des hauteurs irrespirables et glacées comme font des dizaines d'espèces d'oiseaux migrateurs ? Combien, pour les mêmes raisons, remonteraient le cours de fleuves torrentueux, franchiraient les barrages et affronteraient les prédateurs, jusqu'à l'épuisement mortel, comme les salmonidés ? Combien, sans se lasser ni se nourrir, chanteraient nuit et jour comme aboient loups et chiens aux périodes sensibles des chiennes et des louves ? Combien de mâles humains exposeraient leur vie en luttant jusqu'au sang pour la possession d'un collège de femelles, comme les wapitis ou les lions de mer ? Et dans les civilisations qui cultivent les délicatesses de la cour d'amour, combien atteignent l'exquise poésie des danses et parades musicales, colorées, destinées à captiver une partenaire à séduire, comme en esquissent non seulement les frégates mais dix variétés de volatiles tropicaux ? Combien d'hommes, enfin, accepteraient, en échange d'un coït rapide, que les femmes les étranglent en fin d'extase comme font les mantes religieuses ? Oui, combien s'élanceraient vers le vol nuptial d'une reine hyménoptère au risque de mourir jeune et sans rien obtenir ? Combien de mâles courraient, comme l'araignée néphile, vers une femelle dix fois plus volumineuse qui le dévore, s'il accède à sa toile sans l'avoir fait vibrer selon le bon signal ?

Je veux bien redire, après d'autres, qu'en amour nous nous conduisons comme des animaux, mais, si oui, je nous trouve timides et plats, prudents, raides, prosaïques et gris, privés de l'héroïsme que l'instinct commande et ravage. Seules, parmi notre espèce, de sublimes exceptions, Philémon et Baucis, Héloïse et Abélard, Claire et François d'Assise, Manon et le chevalier des Grieux, mais encore l'abbé Pierre et mère Teresa… martyrs et donc témoins de l'amour, méritent qu'on les compare avec les aloses, les fous de Bassan, les faux bourdons, l'arachnide néphile et la baleine bleue.

Tristes vertébrés

Voyant des crotales ou des pieuvres en hélices accouplés, combien de fois ai-je cédé à la jalousie de ne pouvoir, encombré par mon squelette, enlacer ma bien-aimée avec leur svelte souplesse ? Pendant plus de vingt ans et par tous les temps, j'ai longé des sentiers à travers les collines qui dominent, à main droite, la baie de San Francisco, et l'océan Pacifique de l'autre côté. Le hasard des randonnées soulève, là, coyotes et couguars, vols d'oiseaux noirs aux bouts d'ailes rouges, geais bleus, buses et vautours sombres à l'envergure géante, une tarentule, énorme comme la main, qui se déplace avec une lente majesté, sur des pattes aussi grosses et poilues que les phalanges des doigts et trois espèces de serpents : deux longs et paisibles, plus le crotale aux écailles en losanges, brillant comme des diamants, dont la queue agite des sonnailles et dont la morsure tue. À la saison imprudente des amours, où ces bêtes sortent et s'agitent, l'œil, attentif, doit donc diriger le pas : des éclats se cachent parmi l'herbe jaune. Or donc, une après-midi claire de mai, je croisai, rampant par le travers du chemin, un reptile noir et scandé d'anneaux blancs. Aussi peu pressé que lui, je demeurais longtemps à l'observer, fasciné, se chauffer au soleil comme moi, lorsque sortit d'un trou sous la route, un autre serpent de son espèce qui, sans attendre et comme en épissure ou en caducée d'Hermès, autour de celui-ci s'enlaça.

Avant d'avoir contemplé cette merveille, j'employais ce verbe d'étreinte amoureuse pour les femmes et les hommes : je jure de ne plus dire une telle sottise, car, si les serpents s'enlacent, nos vertèbres manquent de souplesse pour cet entrelacs. Comme ceux des pieuvres qui jouissent de huit bras et dont nous jalousons les caresses ondoyantes, leurs embrassements, en thyrses torsadés, coulèrent, si flexibles, élastiques et fluides, que ces bêtes qui diffusent autour d'elles l'horreur que l'on sait, devinrent sous mon regard non seulement aimables et belles, mais porteuses d'un secret inaccessible à nos maladresses raides. Faut-il nous croire inaptes aux mystères d'amour ?

Tout est Amour

Je ne sais si l'on peut en parler pour les vivants autres que nous, puisque au moins le langage articulé nous sépare, mais les pratiques agricoles montrent aux enfants et les sciences de la vie aux adultes des villes, sans rien cacher, mille et un cas de sexualité. Infiniment généreux dans ses formes individuelles et spécifiques, le vivant varie tout autant dans ses relations. Tel puceron de la vigne pond des œufs, comme un **ovipare**, et accouche, **vivipare**, mieux encore, peut se multiplier à deux autant qu'en **parthénogenèse**, c'est-à-dire seul. Les organes génitaux et la poche des marsupiaux diffèrent de l'équipement équivalent des mammifères dont nous faisons partie. Abeilles et fourmis, insectes sociaux, n'ont pas les mêmes mœurs que les reptiles et les ours, solitaires ou en couples. Face à cet immense éventail de cas, dont l'exploration ne se terminera pas demain, puisque les espèces inconnues dépassent en nombre les connues, toute comparaison avec la femme et l'homme paraît à la fois possible et insensée.

Et pourtant : l'attirance invincible entre les sexes ; les appels pathétiques que l'un lance à l'autre – signes colorés, prières musicales, fumets odorants, fulgurations thermiques ou caresses tactiles, sans compter les signaux que nous ne savons pas intercepter ; l'approche lente, patiente, foudroyante, exhibition, secret, pudeur, coquetterie ; l'esquive brusque et la longue frustration ; le choix, élection ou exclusion, le oui tacite et les amours éconduites ; la jalousie, les luttes au moins, les merveilles de stratège ciselées dans le temps pour atteindre un objectif qui se refuse ou se dérobe pour élever son prix... rapprochent les vivants universellement. Notre émotion déchiffre dans ces conduites des fredaines familières.

Oui, le désir nous aiguillonne comme tout autre vif, nous attire, nous pousse et nous fait découvrir, derrière nos niches quotidiennes et les pays que nous habitons, un paysage original, jardin, paradis, enfer, aux rares joies furtives, aux tristesses durables, une carte du Tendre environnée des parages du Très-Dur, dans l'espace-temps duquel tous les vivants s'acharnent parce qu'en dépendent leur chair, leur vie, leur mort, leur heur. La flèche du vouloir-vivre de l'espèce traverse l'existence individuelle, se fiche à jamais dans le cœur et le brise. Mieux, il nous paraît, l'âge venu, que notre temps d'existence n'a jamais dépendu que des événements de ce paysage du Tendre et du Rude qui recouvre tous les phénomènes ordinaires et se superpose à la carte du monde. Voilà donc un comportement permanent dont la règle assujettit tous les vivants, pourtant variables, originaux et singuliers ; voici la loi universelle : tout est Amour.

Mais je crains que nous ne sentions ainsi la conduite des poissons ou des singes par un anthropocentrisme mou. Nous croyons toujours que tout se fait à notre mode, que nos façons de vivre se répandent dans l'univers. Nous nous laissons prendre par des apparences et surtout par des idées préconçues issues de nos propres usages. L'amour jouit-il d'une telle extension ? Car, au-delà de ces analogies harmoniques, cinq bifurcations au moins commencent à nous éloigner de nos frères en désir. La première concerne l'anatomie et la physiologie ; la deuxième l'espace et le temps ; la troisième considère les programmes génétiques ; la quatrième définit ceux que l'amour éprouve et la dernière cette relation elle-même.

Cinq bifurcations

I.- Le corps

Anatomie

L'amour nous rapproche-t-il des bêtes ? Faut-il que ceux qui le prétendent ignorent à ce point et celui-là et celles-ci. Voici : une disposition d'anatomie nous caractérise et nous éloigne des espèces voisines de mammifères. À garder les vaches ou à conduire une charrette à jument, n'importe quel enfant élevé à la campagne observe vite une différence notoire entre les sexes de ces quadrupèdes. La femelle montre ses organes alors que le mâle les cache. Il faut se baisser assez pour observer, au moins en temps anodin, le pénis de l'âne ou celui du taureau, sinon leurs dignités. Il suffit, au contraire, que la jument, la truie, la génisse... lèvent un peu la queue pour que tout le monde alentour admire l'offertoire de leur vagin bellement étalé. Supposez que l'une de ces bêtes se dresse et que, plusieurs millions d'années après l'événement, elle voyage par les bois et les rivages, sur deux pattes, avant de courir les rues. Alors, nu, le mâle montre ce que la femelle cache : tout change. Quand les corps se renversent, la coquetterie ne s'inverse-t-elle pas ? Nous nous écartons ainsi des mammifères proches.

Physiologie

Car, du coup, ces quadrupèdes font l'amour par-derrière, ce qui se disait en latin « *more ferarum* », à la manière des bêtes sauvages. Cette position unique laisse peu de chances aux intéressés de se voir, de se demander réciproquement des nouvelles de ce qui se passe – contente, frustré ? –, de se sourire de plaisir, le cas échéant.

Il arrive que nous le fassions de face, les chimpanzés aussi. Ladite bête à deux dos ouvre-t-elle alors ses quatre yeux et, pourquoi pas, une bouche bientôt douée de parole ? Un silence gêné, une moue hargneuse ne siéent point à cet instant d'extase. Les philosophes des Lumières qui s'y connaissaient en amour autant qu'en parole auraient pu voir là une origine probable du langage aussi bien que des signaux culturels échangés par nos cousins. Je consens à cette hypothèse et insisterais, ce me semble : nez à nez, nous nous reconnaissons. Dans la genèse de la connaissance, le sens biblique précéderait-il le sens commun ? L'empirisme prétend que le langage émerge des sens ; pour un empirisme amoureux, émanerait-il de ce vis-à-vis consentant ?

II.- L'espace et le temps

Outre leur assujettissement aux atroces lois de la sélection, un autre malheur des bêtes les enchaîne souvent à la présence dans l'espace et au temps présent. Quand les troubadours inventèrent l'amour, ils chantaient la princesse lointaine. « L'absence est à l'amour ce qu'au feu est le vent : il éteint le petit, il allume le grand », rime Bussy-Rabutin quelques siècles plus tard. Nous désirons le séparé, la femme du marin pleure de ses lettres, l'adolescent tombe amoureux d'une vedette à l'écran, nous imaginons l'amour au moins autant que nous le faisons, qui n'attendit le prince charmant ? Certes, les baleines s'appellent à des distances immenses ; cependant l'absence concerne moins les animaux. Peut-être les plantes ? Nous aimons le lointain comme s'il vivait ici ; nous nous représentons l'absente comme proche : nous inventons des espaces virtuels et nous vivons en eux. Et nous transformons parfois nos privations en nourriture.

De même, faire l'amour en tout temps caractérise les humanoïdes. Les femelles se limitent aux époques de chaleur ; seule la femme passe par des règles qui inversent ces fonctions périodiques. Ainsi gagnons-nous des plages larges, inaccessibles parfois à nos frères muets. La plupart s'occupe de sexe aux saisons prescrites ; à de belles horlogères, les mâles réagissent le moment venu, comme dans une boîte dont la musique commence et s'arrête selon le programme codé. Nous pouvons faire l'amour toujours, Diderot ne dédaignait pas de voir là le propre de l'homme, sauf qu'il n'ajoutait pas, lui-même assujetti à un machisme aussi sot que dominant, que l'homme devait ce supposé « propre » à la femme. Les « moments venus » chez elle suppriment, au contraire de chez nos cousines, toute chance de reproduction. Elle inverse la fonction, usuelle chez les mammifères, de l'horloge génitale. Ce renversement conditionne la transformation de la génitalité en sexualité, le commencement charnel de l'érotisme. Honneur aux femmes quant à l'amour. Pouvoir le faire en tout temps, voilà l'un de nos débuts. Familiers des nuits et de la sieste, la femme et l'homme restent étrangers au printemps.

Mais pourquoi pensons-nous que les animaux sont des machines plus que nous ? Parce que la prévision définit ce que nous nommons bêtise. Nous savons toujours ce qu'un sot va répondre : il opine opiniâtrement. On dirait, en effet, une machine dont il suffit de pousser le bouton. Plus sot encore et nous pouvons prévoir ce qu'il fera. Ainsi domestiquons-nous des vivants prévisibles. L'intelligence ne se peut prévoir, au contraire. L'astuce réveille, aussi capricieuse qu'une chèvre. L'invention vient comme le vent, de n'importe où, n'importe quand. Ainsi, advenu comme la brise, l'amour réagit à des signes impalpables qu'il croit plus réels que le réel et se développe dans des espaces différents des lieux ordinaires, et que l'on peut dire virtuels. Imprévisible, contingent, il vit, de même, de souvenirs et de projets, de rêves impossibles et d'imaginaire poésie, bref, dans des temps seulement possibles. Sexualité nécessaire et subie par des automates génétiques ; amour inventé, donc espéré.

III.- Perdre les spécialités

À l'inverse des griffes, pinces ou sabots, spécialisés, différenciés, nos membres évoluèrent vers une main, dédifférenciée, sans spécialité. De même, la gueule, la hure ou le bec revinrent vers un trou à bords mous. Puissante et dure, la pince sert au crabe d'arme ou d'outil, la main, faible et souple, ne coupe ni ne pique, ne protège ni n'attaque, ne permet même plus de se pendre dans les branches d'arbre. Munis d'un pouce opposable, nos doigts ne se spécialisent ni dans la frappe, ni dans la taille, ni dans un serrage sans lâchage, mais, au long des temps, ils sauront un jour bander un arc, manier la houe, jouer du clavecin, nouer des bouts, inciser au scalpel, à condition, bien sûr, qu'ils aient promu, en plus, arbalète, corde, lyre ou charrue ; ils caresseront leur partenaire. Le trou à bords mou ne peut plus saisir ni tuer, mais il parlera, chantera, mentira, goûtera… baisera. Une étrange évolution – jaillit-elle en sens inverse ? – nous déspécialisa, nous programma dans la déprogrammation, comme si, dans l'arbre aux espèces et aux règnes, nous revenions vers les branches principales et même vers le tronc, au lieu de nous diriger irrésistiblement vers les rameaux et ramilles menues. Nous entrâmes un jour – quand, comment, le saurons-nous jamais ? – dans le possible.

Car nos ongles ne valent pas des griffes, ni les lèvres ni les dents un bec, mais nous manierons mille outils et deviendrons omnivores, en passant du cru au cuit, et parleurs en mille langues, dont le marivaudage. L'inutile se révèle omnivalent. Dans son avancée, l'évolution précise forme, dessin et teintes, bref différencie ; qu'elle déspécialise en effaçant les limites et elle semble reculer. En progressant, elle multiplie couleurs et nuances ; en régressant, elle paraît pâlir. L'homme devient un vivant candide. *Faber* sans spécialité, *homo* sans propriété. Un blanc-bec à patte blanche. Sans programme et sans limite, excessif et inquiet, faible et exterminateur, dominant et minable, marginal, habile et maladroit comme un vieil enfant. Dédifférenciés, sans doute perdîmes-nous des gènes ; notre compte en banque se vida beaucoup ; nous nous appauvrîmes, nous nous démunîmes : Madame et Monsieur Sans-Gène !

Les amours diffèrent aussi entre elles

Le déploiement varié de nos cultures découle, dans le temps, de cette déprogrammation et en témoigne dans l'espace. Qui ne connaît des pays sans amour, des cultures entières où les relations se raréfient, glacées ? Là, les femmes et les mâles paraissent ne rien faire ou faire semblant. Ils s'accouplent certes, mais ne paraissent pas s'aimer ; pourtant, ils ne se reproduisent pas seulement, ils vivent ensemble pour leur ennui et leurs aises. Le *dating* anglo-saxon me paraît différer de la cour latine comme un couchant de brouillard d'une aube à dégradés de pourpre. Les romans d'amour, ici, retiennent, comme un suspense, le moment béni de la rencontre fusionnelle ; là, au contraire, précipitent l'heure de se séparer.

Qui ne peut citer pays et cultures où l'amour se fait, entre deux draps, comme ailleurs, mais change, hors la chambre, de rythme, de gestes, de mimiques et de chansons ? Officier gascon dégradé sur le front des troupes du côté de Sault-Sainte-Marie au début de l'âge des Lumières, le fameux et trop oublié La Hontan partit de là, tout premier à la découverte des Rocheuses et du bon sauvage ; il raconte, dans des mémoires toujours copiés sans les citer, les mœurs amoureuses des Indiens qu'il rencontra : couchant seule dans sa hutte, la jeune fille reçoit, le soir, un prétendant qui doit tenir en main une torche pendant qu'il l'entretient de choses intéressantes ; elle en souffle la flamme si elle agrée l'amoureux ; si elle retient son haleine lors de son poème, il retourne chez lui, éconduit. J'aime ce rite dit de l'allumette, où celui qui brûle porte en main sa propre image et où le soupir avive une autre brûlure. Je n'en finirais pas, sortant de mon sujet, de citer les variétés raffinées, tortueuses, étranges de l'amour à travers les cultures. Reste que cette multiplicité provient de notre déspécialisation universelle.

Dès lors, différons-nous entre nous, autant que les espèces entre elles ? Il me semble : programmées, en effet, elles doivent changer de programme, donc de corps, pour se distinguer ou évoluer ; déprogrammés, nous changeons d'usages pour innover dans nos relations. En raison même de cette virtualité nouvelle, nous créons mille sortes de cultures. Je comprends ainsi le totémisme. Voici les tribus aux renards ou aux aigles : leur culture les sépare comme leur totem diffère par corps. Chacune se compare à son animal virtuel. En amour, nous nous conduisons comme des bêtes, mais par ces images, mais par l'intermédiaire des cultures.

Cas crucial de l'homosexualité

Comme beaucoup d'autres espèces, les singes bonobos s'adonnent à des pratiques homosexuelles. Que penser de ce parallélisme avec les mœurs humaines ? Changeons d'animal : à peine sorti de l'œuf, l'oisillon suit le premier venu qu'il prend pour sa mère. Il le suivra toute sa vie. Konrad Lorenz appela ce phénomène l'**empreinte**. À supposer que le nouveau-né rencontre au premier jour une autre oie du même sexe, celle-là l'imprégnera ; il l'accompagnera donc et ils nicheront ensemble au moment venu. Certes, ils ou elles ne pondront pas. Mais si l'on pose dans le nid quelques œufs, elles ou ils les couveront, puis élèveront les oisillons jusqu'à l'âge de l'envol, comme un couple hétérosexuel. Nous agitons aujourd'hui, dans nos droits privés, des questions parallèles concernant les homophiles.

Dans cet exemple, une expérience allant jusqu'à la fabrication montre en action le programme animal, quoiqu'il s'agisse de son complémentaire, l'apprentissage : l'empreinte n'émane pas du génome, mais les oisillons l'acquièrent. Nous faisons rencontrer un mâle au mâle nouveau-né ou une femelle à une femelle et posons des œufs dans le nid ; de ces expérimentations s'ensuivent des conduites prévisibles, ce que je viens de nommer fabrication. L'apprentissage suit une chaîne de causes et d'effets.

Or non seulement nous ne fabriquons pas d'humains homosexuels – comment ferions-nous ? –, mais nous ne savons même pas choisir entre la nature, la culture, la famille et la biographie, pour expliquer leur conduite. Elle concerne aussi la déprogrammation humaine. Et l'imprévisible, soudain, apparaît : un enfant élevé par un couple homosexuel ne le devient pas forcément ; un autre, grandi dans un entourage hétérosexuel, devient homosexuel. Certes, comme tous les vivants, tel ou telle subit conditions et contraintes, mais, en définitive, elle ou il choisit. Derrière le parallèle apparent, la bifurcation se révèle : il s'agit de contingence, il s'agit de décision et donc de liberté. Cet exemple décide vraiment : le parallélisme des conduites entre les vivants permet de préciser le point de la bifurcation humaine, moins visible dans l'hétérosexualité, statistiquement plus fréquente.

IV.- Moi, nous, eux

En tant que sujets, nous ressemblons aux vivants et différons d'eux au moins quatre fois. Nous n'occupons pas les mêmes positions dans la classification générale des vivants, par règne, famille et genre. Puisque nous ne pouvons nous reproduire qu'entre nous, cette exclusive génitale que nous appelons l'**espèce** nous enferme. J'appelle volontiers ce sujet global : *on*, pronom formé sur le nom homme. *On* n'est pas des vautours ni des courges. *On* ne se reproduit pas comme des condors, *on* ne fait pas l'amour comme des limaces. *On* reste entre soi. Espèce différente, autant qu'on le voudra, mais espèce comme toutes les autres.

Ce premier sujet défini, nous inventâmes à la suite de notre déprogrammation une mosaïque moirée de cultures diverses : ainsi naquit le sujet *nous* ; *nous* les Persans, *eux* la gauche caviar ou les danseurs de tango. *Nous* Algonquins n'avons point les mêmes relations à *nos* femmes que les Arapesh ; dans le salon de Julie de Lespinasse, les Parisiennes n'entretenaient pas les mêmes rapports à leurs mâles, d'Alembert, Turgot ou Marmontel, que les paysannes de Boccace ni que les féministes algériennes d'aujourd'hui, téméraires, sportives, religieuses et politisées. La cour varie en longitude et s'éteint, parfois, selon les latitudes ; ainsi conditionnés, peu ou beaucoup, nous faisons l'amour diversement. Mais les éthologues enseignent que les fourmis ou les grands singes forment aussi des cultures différentes.

Enfin, certaines d'entre les nôtres, plutôt afro-européennes, inventèrent, à des moments connus de l'histoire, l'individu, le *je*. Il émergea, au moins en Occident, d'Homère au sujet du *Credo* et aux *Confessions* de saint Augustin. Singulier donc, je ne fais point l'amour avec celle, tout aussi originale, dont je me sens l'autre, comme ma voisine avec son voisin. Mieux encore, l'un et l'autre inventons en temps réel une relation à son tour singulière qui évolue à sa manière, s'intensifie, devient morne ou s'évanouit. Cette relation me paraît même encore plus originale que ces deux *je* qu'elle associe. Nous faisons l'amour en tout temps mais, de plus, le temps de l'amour le change lui-même et nous métamorphose tous deux. Ici, la déprogram-mation nous fait bifurquer de la conduite moins virtuelle des bêtes et de leur temps plus horloger.

Parmi les humains, communément *on*, culturels ou cultivés, collectivement *nous*, deux *je*, irréductiblement différents, se conduisent, de plus, autrement que tous les autres. Si nos liens culturels et intraspécifiques ressemblent peu ou prou à ceux que nouent entre eux tels ou tels animaux, par le couple, la famille ou la reproduction, la relation élective que nous appelons amour, à supposer qu'elle atteigne cette imprévisible originalité, nous en éloigne parce qu'elle invente un nouveau monde. Bien qu'originaire du pays d'Oc, en France, l'amour, ainsi, s'universalisa.

V.- La relation amoureuse

Le parasitisme abusif

Comment ? Plus rare que l'on croit, ce que nous appelons amour unit, en effet, les personnes humaines entre elles, déjà réunies par d'autres liens communs aux vivants. Reprenons-les : le nouveau-né goûte l'odeur du giron maternel et en suit les effluves comme un oisillon ; fréquente parmi les vivants, cette imprégnation, aussi forte qu'une corde, inonde le corps neuf d'une passion exclusive, ressemble donc à l'amour, mais s'en distingue autant que le **parasitisme**.

Rien ne dépasse l'importance de cette relation première, si fondamentale à mes yeux qu'elle contient l'un des secrets de la vie, universelle d'autre part, depuis le simple monocellulaire jusqu'au petit d'homme, et dont l'imprégnation devient un cas particulier. Nous confondons le plus souvent l'amour avec ce parasitisme élémentaire, sélectif, vorace, intéressé, mortel, évolutif. Observez déjà que l'adulte mâle, faisant porter à la femelle le poids de la reproduction de ses gènes, la traite comme une hôtesse. Pendant la période prénatale, le petit de mammifère ou de marsupial s'habitue à trouver nourriture, logement et repos en une femelle qui assume encore le rôle d'hôte. Dès la naissance, la séparation commence et ne va plus cesser. Le petit apprend une liberté, pour lui amère, puisqu'il doit chercher boisson, nourriture et logement, indépendamment, avec de plus en plus d'efforts. Cette séparation le construit et menace de le détruire en inversant les conduites parasites.

Celui qui souffre ainsi et travaille jette son grappin sur le premier hôtel venu, s'il se présente. Ce qui, en nous, reste parasite recherche à tâtons un nouvel hôte ou une hôtesse neuve, mère ou père, selon, voisin à écornifler. Chacun veut redevenir le neveu d'un Rameau. Combien de soi-disant attachements passionnés ressemblent ainsi aux conduites de certains animaux, dont la domestication, j'y pense soudain, commença, peut-être, par le besoin puissant de cette relation protectrice. Combien de suicides témoignent de ce que la victime ne pouvait vivre sans l'objet de sa passion, le parasite survivant mal, en effet, hors d'un hôtel ?

La symbiose et le contrat

Réputez amour humain l'ensemble des conduites qui bifurquent de cette relation parasitaire, universelle chez les vivants. Au lieu que l'un reçoive tout sans rien donner pendant que l'autre donne tout sans rien recevoir, la symbiose leur ouvre des bénéfices réciproques, qu'un contrat tacitement passé permette des échanges équilibrés. Que le parasitisme se perpétue et commence la perversion. Certes, cette symbiose ou ce contrat équitable ne suffisent pas, mais donnent à l'amour sa condition nécessaire.

L'amour sans raison

Introuvable comme toujours, la condition suffisante déclare : parce qu'il s'agit d'elle et de moi. Voilà une raison sans raison. Notre heur déprogrammé commence à ce seuil où elle fait silence. Curieusement, là, les animaux tombent du côté de la rationalité. Ils font des mariages de raison. Devant ce seuil mystérieux, incompréhensible à qui ne le vit pas, s'arrête le fameux principe. Tout a une raison, certes. L'amour n'en a pas. Il échappe à la science et à l'analyse.

La raison éclaire le monde. L'amour le sauve.

De l'amour humain

Dauphins et dauphine

En passant par la planète, on trouve partout de ces couples qui vivent dans la nature, forêt ou désert, atoll ou banquise, la plupart, cependant, à bord de bateaux errants. De Christchurch à Valparaiso, des Aléoutiennes aux Marquises, ils labourent le Pacifique à la voile, pêchent, plongent, se reposent, trafiquent un peu et finalement font des enfants. J'ai eu pour étudiants de ces fils et filles de faux bons sauvages. L'une d'elles, basse et forte femme, bouille ronde à taches de rousseur, vêtue à la hâte plus qu'habillée, traînant d'innommables savates, originale et intuitive dans ses travaux, me racontait volontiers les cyclones et naufrages subis avec ses parents, informaticiens nomades, allumés de bouline et de bits.

Dans une crique de Kahoolawe, face au volcan de Maui, la plus petite des îles Hawaii, un beau matin de soleil automnal, elle avait huit ans, la famille chassait sous l'eau, pour déjeuner de quelques mahi-mahis. Ses père et mère s'éloignèrent, suivant une proie. Elle ne resta pas longtemps seule. Soudain, et quoiqu'elle nageât là, tranquille et heureuse sous son masque, la force d'habitude gommant l'angoisse, deux dauphins la surprirent, l'un sous l'aisselle gauche, l'autre sous le bras droit, et, doux, lents et gentils, la hissèrent à la surface. D'un coup de queue, ils disparurent dès que sa figure émergea.

L'avaient-ils crue noyée ? Avaient-ils cherché à la sauver ? Qui le dira ? Qui pourra le croire ? Mais elle se souvient de cet événement comme l'on garde avec soi dans le secret de son thorax le souvenir extatique d'heures longues d'amour où la dilection soulève, lève, élève jusqu'à changer d'élément.

Deux ou quatre valeurs ?

Les vivants se reproduisent ; certains innovèrent par la sexualité, d'autres découvrirent l'érotisme, avec ses plaisirs et ses atrocités, enfin les derniers accédèrent à l'amour. Nous bifurquons des bêtes par le sublime, certes, mais par le hideux aussi. Quelle espèce, en effet, hors ledit *sapiens*, pratique sadisme ou masochisme, éprouve l'extase ou entre en sainteté, intentions et inventions influencées par mille et une bifurcations culturelles ? Voilà le pire et le meilleur, dit-on, le bestial et l'humain.

Voici le moment de dire une chose décisive quoiqu'un peu difficile. Ce meilleur et ce pire, ce bien et ce mal, ressortissent à une logique à deux valeurs, qui dicte aussi le faux et le vrai, mais encore le propre de l'homme : d'un côté nous, humains raisonnables, de l'autre les bêtes brutes ; d'un côté un sous-ensemble, de l'autre son complémentaire dont les propriétés nient celles du premier. Sur cette logique à deux valeurs prospèrent la métaphysique qui définit l'homme ainsi, comme ceux qui veulent la détruire : l'une et les autres y croient dur comme fer, leurs raisonnements se construisant sur elle. Or, et voilà le point, la vie l'ignore, car elle se développe dans une autre logique, dite modale, à quatre valeurs : possible, impossible, nécessaire et contingent. La déprogrammation fit de nous des possibles contingents, plongés en physique et bio-chimie, dont les lois nécessaires nous rendent impossibles certaines performances.

La perversion et le viol

Donc, et contrairement à une idée reçue, qui fait injure à la fois aux animaux et à la sexualité, les actes sadiques, les passions masochistes, la pédophilie, le harcèlement acharné sur des personnes réputées plus faibles, la coprophagie, la thanatophilie... bref les perversions nous rapprochent moins des bêtes qu'elles ne nous en éloignent. Aucun code n'induit de telles conduites. Affects et pulsions sans programme les inventent, chez nous, avec délectation. Mais par rapport à quelles normes les appeler perversions, puisque nous ne connaissons aucune définition, aucun guide, même génétique, donc aucune anormalité ? Nous repérons cette dernière sans la penser ; du coup, nous la réputons bestiale car nous pensons vie et animalité par la logique à deux valeurs.

L'anormal se déploie plutôt en actes de violence : la perversion, c'est le viol. Soumis aux lois dites de la jungle, les animaux se soumettent au plus fort ; dominants ou dominés, ils connaissent hiérarchie, agressivité, lutte, guerre... mais ignorent la violence, cet excès, ce défaut, ce déséquilibre, cette marge hors norme, cette expropriation virtuelle, ce lieu de non-droit, ce terrain vague où nous vivons. Les mâles wapitis luttent pour la possession des femelles, sans demander leur avis ; par un compte triste, l'un d'entre eux les couvre toutes jusqu'à épuisement, les autres restant chastes jusqu'à la prochaine bagarre. La force décide. Nulle invention en dehors de cette loi, d'une atroce mélancolie. Hors de ce programme, pas de perversion. Quelle sottise de couper l'ange de la bête, d'hésiter entre une douceur naïve en image d'Épinal et des perversions animales ! En réalité, violence et amour nous concernent ; mais que la violence paraisse et l'amour disparaît. Inclinés sur la continuité qui nous unit aux animaux, tous deux orientent la bifurcation humaine, mais l'un, à son tour, bifurque de l'autre. Après le contrat équilibré, la bienveillance devient alors la seconde condition nécessaire de l'amour.

L'élite rare et secrète de l'humanité

Non seulement nous bifurquons alors des bêtes mais, le plus souvent, nous ne sommes même pas des hommes ; car l'amour ne se rencontre pas au coin des rues. Comme nos ancêtres et nos successeurs, la plupart de nos contemporains court le pouvoir, la fortune, les postes, la vengeance et la haine, la déesse Envie et le dieu Mimétisme, la première place en compétitions de tous ordres, en somme la violence… et se détournent de l'amour. Trop dur, trop simple, sublime. Exigeant, celui-ci demande que nous lui consacrions nos vies, comme moines et moniales. Les humains voués ainsi ne mènent pas grand bruit. Nul ne les connaît. Ils glissent quasi invisibles sur les places de la ville, silencieux, portant des masques inattendus sous lesquels nous ne les débusquons pas : ici, la bouchère, là, peut-être, la factrice ou le balayeur, le vieillard et la pucelle. Mais, sans le savoir eux-mêmes et sans que vous le sachiez jamais, ils forment l'élite secrète de l'humanité. Les livres ne citent ni celles ni ceux qui sauvent notre existence.

Sainteté

Par décret d'un destin innommable, leur sainteté permet au monde entier de survivre. Même de vivre, car nous naissons deux fois : de notre mère d'abord, ensuite de l'amour ; donc, pas toujours. Nul n'existe vraiment avant que tel autre lui dise : je t'aime ; et nul n'existe avant de le dire. Pour des raisons de racisme, nous ne pouvons plus dire qu'il existe, ici ou là, une culture élue, puisque, dans l'espace et le temps, toutes, peu ou prou, ont prétendu cela d'elles-mêmes. Mais, pour l'avoir appris, le temps foudroyant d'un clin d'œil, d'une brève rencontre, d'un geste furtif, d'une tonalité purement gracieuse, je sais que ceux qui consacrent leur vie tout entière à l'amour élisent le monde et l'humanité, en assumant cette fonction sainte. Nous voilà tous élus grâce à eux. Et nous ne connaîtrons jamais ces justes qui nous élèvent enfin au rang d'hommes et de femmes. Et si nous les connaissions, ils ne nous éliraient pas. Comme la glace au printemps, ils fondent et disparaissent sous la gloire, asservis, étouffés, obscurcis comme nous tous sous la loi martiale de triche et de mort imposée par les violents, maîtres du monde. Il ne s'agit plus de dire, alors, que l'amour nous fait bifurquer des espèces, mais qu'il filtre certains d'entre nous, rarissimes et ensevelis dans le mutisme, de ceux qui nous plongent jusqu'au cou dans leur violence. Il définit moins l'élite que la sainteté, non élue mais activement élective, dilective et salvatrice.

Comment augmente une relation ?

Nous reconnaissons la singularité de chaque individu, mais chaque relation, tout aussi originale, s'invente, je l'ai dit. Comme elle associe deux personnes, je la crois deux fois plus singulière. La plupart du temps, nous substituons à cette invention, fort exigeante, des voies déjà toutes tracées, rapport de pouvoir et de soumission, de fraternité ou de haine, de compétition ou de vengeance, d'envie ou d'imitation... La plupart des spécialistes de ces choses suppriment même toute relation en la qualifiant au moyen des personnes qu'elle unit ou sépare : la relation père-fille, mère-fils, disent-ils, si aveugles au rapport qu'ils n'en laissent que le trait d'union. Ils définissent, en fait, des rapports de haine, car la haine consiste, justement, à entrer dans un chemin déjà frayé. Une relation réussie lance un temps, un espace imprévus et s'invente pas à pas suivant les circonstances et les projets des personnes qu'elle unit et transforme. Elle suppose une symbiose, je l'ai dit, une sorte de contrat équitablement accepté, même non écrit, même non dit, puis une construction allègre, dynamique, métamorphique. Elle vit chaque obstacle, chaque tentation comme une tribulation, une étape dans un long voyage. Voulons-nous porter nos bagages ensemble ? Avons-nous un but dans nos déplacements ?

Comparez avec l'œuvre et le droit d'auteur : un auteur se porte aval, il donne garantie, voilà son sens d'origine, dans la juridiction romaine. Mais son étymologie (auteur vient d'*augeo*, en latin : croître) en dit plus long : il augmente. Si un auteur ne vous fait pas croître, laissez-le, il vaut peu. Si une relation n'augmente pas les deux parties, divorcez. L'amour ne diminue pas, il agrandit ; s'il devient minable, abandonnez-le, il ne s'agit pas de lui.

Liberté divine de la relation

J'ai dit la relation indépendante des places tenues par les sujets : je t'aime donc comme mon père et ma mère, mon ancêtre du fond des temps, ma sœur et mon frère, ma jumelle, mon fils et ma fille, ma voisine et une inconnue de la famille, l'étrangère dont je ne puis comprendre la langue, celle qui passe et entre, méconnaissable, l'ensemble même des vivants et le monde. Je t'aime ne précise pas la place, je t'aime n'exclut personne, admet tout, ignore statut et détermination. Si je t'appelle ma jumelle, si je te nomme mère ou fille ou voisine, frère ou père, voisin ou étranger, tu sais que je te hais. Haïr ramène l'étalement complet des valeurs à une place étroite, le bouquet des relations à une voie unique, replie toutes les positions sur une seule, ravage les possibles, détermine, définit, rabote l'immense capacité libre et inclusive de l'amour. Inverse de rien, opposé à rien, aimer contient même haïr dans son éventail d'omnitude, dans son carillon de possibilités. Il sature notre virtualité. L'amour se trouve en danger de haine, alors que la haine risque rarement l'amour : ainsi l'un comprend l'autre, alors que haïr ne comprend pas aimer.

La haine suit la logique à deux valeurs : posée contre comme une antithèse certes, mais posée déjà, là, en une place, comme une thèse, la haine assigne au temps et au lieu. Elle perd le possible. Précise, méticuleuse, rigoureuse dans les deux sens, elle ouvre à la connaissance. Que les savants, plus que les autres, fassent grande attention, car leur métier les place en risque de haine, par cette raison que peu soupçonnent. Le vocabulaire même l'exprime à merveille : l'exactitude avoisine l'exaction et la rigueur rapproche rectitude et dureté. Sans raison ni borne, l'amour vole dans la contingence, l'absence de programme, les sites virtuels et l'improbable durée.

Plus je pense, plus je dois aimer.

Le prochain et le lointain

Aime Dieu et ton prochain. Je contemple maintenant ce double commandement et la double personne qu'il demande d'aimer : l'universel et le proche. Le devoir de proximité apaise la férocité de celui qui, volant en hâte vers dix victimes de l'autre côté de la planète, méprise et piétine ses voisins. Il existe un excès d'unicité qui vide violemment l'espace au profit d'une loi. Cet universalisme risque l'intégrisme et expose aux ravages graves de l'aveuglement devant le malade qui passe. D'où la nécessaire tempérance apportée par ces voisinages qui repeuplent l'espace de singularités bariolées. Inversement, l'amour des proches tombe souvent dans la loi des gangsters : aimez-vous les uns les uns, n'aimez que ceux qui vous ressemblent. Ce particularisme risque l'intégrisme et expose aux ravages graves des guerres perpétuelles entre des cultures invasives ou des religions qui prêchent pourtant le contraire.

Asymétrique et incliné, le double commandement lance d'abord une loi de raison, formelle et abstraite, mais la garnit avec prudence de circonstances environnantes. Les philosophes disent parfois que la dénomination divine cache la somme de nos actes d'amour. Avares et exclusifs, ils restreignent à notre espèce une relation qui, de ce coup, ne peut se dire universelle. L'amour universel concerne, certes, l'humanité dans son ensemble, toutes cultures additionnées, toutes personnes rassemblées, mais aussi le monde et ses hôtes, les roches et les eaux, les nues et les vents, les feux du firmament, les cinq règnes du vivant. Et même la mort. Pour sauver le monde entier en risque de dommages graves en raison de nos actes, nous devons l'aimer. Pour protéger les bêtes, à peu près toutes en risque d'éradication par nos conduites, nous avons encore à les aimer. En amour, nous ne sommes pas des bêtes, mais les bêtes elles-mêmes deviennent les partenaires dignes de notre dilection universelle.

Alors oui, Dieu, infiniment faible et démuni, intègre tous nos actes d'amour.

Mais celui du prochain, qui, dans l'espace et le temps, se situe à mon plus proche voisinage, compense cet inaccessible et trace l'accès à cette intégrale de faiblesse et d'amour. De lui à son voisin et ainsi de suite, je trace un chemin analytique long sur lequel nous cheminons, désirants et blessés, sur la carte dure du Tendre. Dieu gît à l'horizon de ce prolongement, de proche en proche, du prochain ; Il gît dans le détail et l'ensemble, dans le voisin et le monde. Ainsi la paix descend deux fois. L'amour universel des hommes, femmes, vivants et monde ôte tout désir de détruire l'immense maison où j'entre en compagnie de ma constante prochaine, dont la croissance m'augmente ou qui se réjouit de la joie qu'elle trouve en moi et me donne.

Post coitum omne animal triste. Hautain, ce mot définit l'animal comme un vivant triste après l'amour et veut nous acculer à cette mélancolie. De cette ignorance de nos sœurs les bêtes, tirons cependant un portrait gai de l'homme et de la femme, *vivants qui, après le coït, rient.*

*

Dans la philosophie, qui l'emporte enfin de la Sagesse, détachée ou de l'Amour, lié ? J'aime mes dernières minutes de vie et la mort vers laquelle mes pas tendent, hésitants, ma solitude, les lilas que la brise balance et les pinsons qui pépient dans les ramilles de l'érable, tous les vivants au corps égrenant le code génétique et qui se glissent à la queue leu leu dans les coursives dessinées par Noé, la couronne de personnes dont le destin m'entoure et celles, plus nombreuses, que j'entoure et dont je forme, avec d'autres, la couronne, j'aime les femmes qui bénirent ma demande et celles qui m'ont rejeté, ma solitude, j'aime le monde d'un amour filial, le père océan, l'ancêtre désert, le ciel aïeul, ma mère la mer bien-aimée, les sœurs parois de montagne, les frères glaciers suspendus, les routes lentes de mes rivages, j'aime les paysans de mon enfance, les mariniers de ma jeunesse, jumeaux ouvriers, chauffeurs, grutiers, maçons, boscos de mon âge tendre et capitaines de mon âge mûr, les guides amis de ma seconde adolescence, les grands hommes et petits que j'admirai, ma solitude, j'aime la mer, la montagne et le charme des femmes, les animaux, les arbres et l'eau labourée par le vent, j'aime la beauté des femmes et celle du monde, j'aime la vie d'un amour si total que j'aime aussi la mort qui la complète, ma solitude.

Aurai-je oublié la sagesse en chemin ?

Printemps 2002

Bibliographie

André Langaney, *Le Sexe et l'Innovation*, Seuil, « Points Sciences », 1987. Histoire naturelle et sexualité des vivants.

Yves Coppens et Pascal Picq (dir.), *Aux Origines de l'humanité*, 2 vol., Fayard, 2001. Des vivants à l'homme moderne.

Denis de Rougemont, *L'Amour et l'Occident*, 10/18, 2001. L'invention des troubadours.

Platon, *Le Banquet*, Librio, 2001. L'amour philosophe.

Table des matières

n° éditeur : 0058-01/1
n° impression : 22-0691 – dépôt légal : juin 2002